KB028024

권력은
최고의
동기부여다

〈하버드 비즈니스 리뷰 클래식〉 시리즈

1922년부터 시작한 〈하버드 비즈니스 리뷰Harvard Business Review〉는 경영 현장에서 획기적인 아이디어를 적용시키는 데 주요한 역할을 해왔다. 오늘날에도 여전히 시리즈 중 많은 책들이 회자가 되고 있고, 많은 영향을 미치고 있다.

특히 〈하버드 비즈니스 리뷰 클래식Harvard Business Review CLASSICS〉 시리즈는 지금도 비즈니스에 주요한 작품들을 꾸준히 펴냄으로써, 경영자가 경영을 하는 데 참고 자료로 삼을 수 있게 하였다. 마치 도서관과 같은 역할을 하고 있는 셈이다.

시리즈 각각의 책들이 담고 있는 혁신적인 아이디어는 전 세계의 셀 수 없이 많은 경영자들이 모범적인 경영을 할 수 있게 도왔고, 영감을 주었다. 또한 지금도 여전히 비즈니스 세계에 대한 당신의 생각에 변화를 일으키고 있다.

하버드 비즈니스 리뷰 클래식 ❷

권력은
최고의
동기부여다

_ 데이비드 맥클리랜드, 데이비드 번햄 지음 유중 옮김 _

Power Is
The Great Motivator

smart business

차 례

권력은
최고의 동기부여다

　　훌륭한 경영자를 만드는 요인은 무엇일까?

　　또 무엇이 훌륭한 경영자가 되도록 동기를 부여할까?

　　이것은 보는 시각에 따라 각각 다를 수 있다. 훌륭한 경영자란 기업을 성공으로 이끈 사람들이라고 말할 수 있다. 많은 기업가들이나 경영 연구자들은 사업을 성공으로 이끄는 동기가 무엇이고, 훌륭한 경영자를 만드는 요인이 무엇인지 끊임없이 연구해왔다.

동기부여와 성공 간, 상관관계를 연구한 결과에 따르면 많은 심리학자들의 견해와 일치했다. 성공의 핵심은 성취 욕구, 즉 과거에 해왔던 것보다 일을 더 효율적으로 잘하려는 욕구로 밝혀졌다.

지금까지의 수많은 책과 논문들에서도 성취 동기 achievement motive 가 한 개인이 성공을 이루는 데 반드시 필요한 요인이라고 설명하고 있다.[1]

역주1. "원래 '동기_{motivation}'란 라틴어의 movere로 '움직이다_{to move}'의 의미를 담고 있다. 인간이나 동물로 하여금 어떤 목표를 향하여 행동하도록 유도하는 내적 상태라고 말할 수 있다. 다시 말해 동기는 인간 행동의 기본적인 심리 과정으로 '어떤 특정 목표를 향해 행동의 방향성을 결정하고 행동을 활성화하는 과정이다."(김선, 박보배, 박애선, 임선빈, 임혜숙 공저, 《심리학의 이해》 176쪽 참고, 1997, 집문당.)

맥클리랜드는 이와 같은 동기를 크게 세 가지로 **-성취 동기, 권력 동기, 친화 동기-** 나누고 있다. 성취 동기란 이전보다 무언가를 더 효율적으로 혹은 더 잘하려는 욕구다.

원래 성취 동기는 "머레이에 의해 처음 소개되었으며, 후에 맥클리랜드에 의해 널리 발전되었다. 그리고 성취 동기는 개인이 어떤 행동을 할 때, 돈이나 명예 때문이 아니라 그 일 자체에 즐거움과 의미를 부여하는 동기에 의해서 일을 성취하려

> 는 특성을 지니고 있다."(김선, 박보배, 박애선, 임
> 선빈, 임혜숙 공저, 《심리학의 이해》 187쪽 참고,
> 1997, 집문당.)

성취 동기와 훌륭한 관리자가 되는 것에는 어떤 관계가 있을까?

일을 더 효율적으로 잘하고 싶어 하는 강력한 욕구를 가진 사람이라고 해서, 반드시 훌륭한 관리자가 되는 것은 아니다. 물론 이에 대한 이론적인 근거는 없다.

개인의 성공에 성취 동기가 반드시 필요하다고 말하면, 모든 사람들은 반드시 성취 욕구를 가져야만 한다는 말로 들릴 수 있다.

하지만 훌륭한 관리자가 되는 데에는 꼭 그렇지 않다. 심리학자들의 연구에 의하면, 성취 욕구가 반드시 훌륭한 관리자로서 행동하도록 이끌지는 않는다.

성취 동기가 강한 사람들에게는 아래와 같은 두 가지 특징이 있다.[2]

첫째, 개인적인 성과 향상에 주안점을 두고, 어떤 일을 혼자 해내고 싶어 한다.

둘째, 자신이 얼마나 일을 잘하고 있는지 알고 싶어, 수시로 수행한 업무의 성과에 대해 구체적이고 즉각적으로 피드백을 받고 싶어 한다.

역주 2. 성취 동기가 강한 사람의 행동에는 일반적으로 몇 가지 특성이 있다. 예를 들면 "첫째, 중간 수준의 모험심을 가진다. 성취 동기가 강한 사람은 자신의 능력과 기능을 고려하여 지나치게 어렵거나 혹은 지나치게 쉽지 않은 적절한 수준의 모험성이 포함된 과제를 선택하여 해결하고자 한다. 둘째, 과업 지향적이다. 성취 동기가 강한 사람은 보상, 즉 돈에 대한 욕망이나 명예를 위해서라기보다는 자기 스스로 정한 성취 수준에 도달함으로써 만족을 얻는다. 셋째, 자신감이 있다. 성취 동기가 강한 사람은 자신감을 갖고 모든 일을 수행하고 사회적 압력이나 유혹에 굴하지 않는다. 또 이전에 경험해보지 못한 일에 대해서도 자신감을 갖고 도전한다. 넷째, 결과에 대한 지식을 필요로 한다. 성취 동기가 강한 사람은 즉각적인 피드백, 즉 목적을 향해 가는 자신의 방법에 대해 객관적이고 구체적인 정보를 계속 추구하여 정확한 판단을 하려 한다. 다섯째, 정력적으로 활동한다. 성취

> 욕구가 강한 사람은 목표를 선택하고 그것이 완성 될 때까지 열중하고 노력하며, 끝까지 성취하기 위 해 모든 노력을 아끼지 않는다."(김선, 박보배, 박 애선, 임선빈, 임혜숙 공저, 《심리학의 이해》 187쪽 참고, 1997, 집문당.)

그러나 복잡하고 거대한 조직의 관리자들은 성공에 필요한 모든 업무를 혼자 힘으로 해낼 수 없다. 오히 려 관리자에게는 직원들이 업무에 기여할 수 있도록 책임을 할당하고 관리하는 역할이 훨씬 중요하다.

또한 큰 조직 내의 과업들은 많은 사람들에게 분산 되어 진행되기 때문에, 즉각적이고 개인적인 피드백 을 얻기가 힘들다.

관리자는 이런 피드백 없이도 업무를 기꺼이 수행해 나가야만 한다.

관리자에게는 혼자의 힘으로 일을 더 잘해내는 것보다, 다른 사람들에게 영향을 미칠 수 있는 능력이 더 중요하다.

이를 동기라는 측면에서 비유하면, 성공적인 관리자는 성취 욕구보다 권력 욕구가 더 강해야 한다.[3]

> 역주 3. 복잡하고 거대한 조직이 아니더라도 대부분의 관리자들이 모든 과업을 혼자서 해낼 수는 없다. 그래서 맥클리랜드는 혼자서 일을 더 잘해내려는 성취 동기만으로는 훌륭한 관리자가 될 수 없다고 주장한다.
>
> 성공적인 관리자가 되기 위해서는 권력 욕구를 가

져야 하고, 권력 욕구가 반드시 성취 욕구보다 강해
야 한다. 권력 동기power motive란 집단이나 타인에게
긍정적인 영향력을 미치려는 욕구를 말한다.

**물론 권력 욕구 외에도 훌륭한 관리자가 되는 데에
는 다른 자질들이 필요하다.** 이제 우리는 이런 자질
들이 무엇이고, 이 자질들 사이에는 서로 어떤 관계
가 있는지도 살펴볼 것이다.[4]

역주 4. 앞에서 말했듯이 맥클리랜드는 자신의 동기 이론
을 크게 세 가지로 나누고 있다. 성취 동기, 권력
동기, 친화 동기다.
훌륭한 관리자가 되는 데 있어서, 이 세 가지 동기
들이 서로 어떤 관계가 있는지를 구체적으로 설명
한다.

우리는 관리자들의 역량을 향상시키기 위해 꾸준히 워크숍을 열어왔다. 또한 관리자들의 동기를 분석하기 위해 워크숍에 참여했던 미국의 여러 대기업에서 일하는 수많은 관리자들을 대상으로 연구를 진행했다. (부록 '워크숍 기법들'을 참조하라.)

그 결과, 특히 비즈니스 세계에서의 최고관리자들은 권력 욕구가 강해야 한다는 결론을 내렸다. 다른 사람에게 영향을 미칠 수 있는 권력에 대한 강한 욕구가 무엇보다 중요하다는 사실을 알 수 있었다.

그러나 이러한 권력 욕구는 관리자 개인의 성공이나 세력 강화가 아니라 조직 전체의 이익으로 이어지도록, 반드시 절제되고 통제되어야 한다. 또한 타인의

호감을 얻으려는 친화 욕구보다 권력 욕구가 반드시 더 강해야 한다.[5]

역주 **5.** 권력 동기는 우리가 흔히 말하는 권력욕권력을 잡으려는 욕심을 의미하는 것이 아니다. 여기서도 말하고 있듯이 권력 욕구는 자기 자신의 출세, 권력, 지위를 확대시키기 위해서가 아니라 조직 전체의 이익을 향해야 한다. 그리고 반드시 조직 전체의 이익을 위해 절제되고 통제되어야 한다.

또한 훌륭한 관리자가 되기 위해서는 친화 동기affiliation motive, 혹은 '친교 동기'라고도 함보다 권력 동기가 반드시 더 강해야 한다. 그런데 왜 친화 욕구보다 권력 욕구가 더 강해야 할까? 아마도 의아해하는 독자도 있을 것이다. 이는 나중에 그 의미를 이해하게 될 것이다.

어떤 관리자가
유능한 관리자일까?

．
．
．
．
．
．
．
．

홀륭한 관리자가 되기 위해서 성취 욕구보다 권력 욕구가 더 강해야 한다는 말의 의미는 무엇일까?

미국의 한 대기업에서 영업관리자로 일하고 있는 켄 브릭스의 사례를 살펴보자. (사례에 나오는 이름과 회사 명칭들은 모두 가명임을 밝혀둔다.) 약 6년 전, 켄 브릭스는 본사의 최고관리자로 승진했다. 그는 그 회사에서 가

장 큰 거래처들을 담당하고 있는 영업사원들을 관리
하는 부서의 책임을 맡았다.

 켄이 워크숍에 참여해 설문지에 답했던 내용을 보
면, 자신에게 주어진 직무가 무엇인지 정확히 인식하
고 있음을 보여주었다.

 그는 자기 혼자서 새로운 목표를 달성하거나 또는
직원들과 원만하게 지내는 것이 아니라, 직원들의 성
과에 대한 영향력을 강화하는 것이 더 중요하다는
사실을 인식하고 있었다.

 하지만 워크숍 과정에서 다른 참가자들과 함께 관
리자로서 자신의 상황을 파악할 수 있도록 글을 써

보게 했을 때, 그 결과는 켄이 인식하고 있는 것과 매우 달랐다.

그 글에서 켄은 권력 욕구에 대한 관심이 그다지 없다는 사실을 자신도 모르게 드러냈다. 실제로 그의 성취 욕구는 매우 강했다.

성취 욕구를 백분위로 계산했을 때, 참가자들 중 상위 10% 이내였다. 하지만 그의 권력 욕구는 하위 15%에 속할 정도로 아주 약했다.

켄의 강한 성취 욕구는 놀라운 일이 아니라 당연한 결과다. 지금까지 그는 개인적으로 매우 성공한 영업사원이었기 때문이다.

그러나 다른 사람들에게 영향을 주려고 하는 권력

에 대한 욕구는 그의 직무가 요구하는 수준보다도 훨씬 약했다.

분명한 것은 관리자로서의 새로운 업무가 요구하는 권력 욕구를 켄은 가지고 있지 못했다는 사실이다.

켄은 약간 당황스러워했다. 하지만 그는 측정 도구가 정확하지 않아 분석이 잘못되었거나, 이상적인 권력 욕구와 자신의 점수 간의 차이가 실제로는 그만큼 크지 않을 것이라고 스스로를 위로했다.

하지만 곧바로 충격적인 사실이 드러났다. 켄의 직원들에 의해서, 그의 글에서 드러난 것들이 모두 사실임이 밝혀졌기 때문이다.

그는 함께 일하던 직원들에게 긍정적인 영향을 전혀 주지 못하는 능력이 떨어지고 무능력한 관리자였다. 직원들은 자신들에게 책임이 전혀 주어지지 않는다고 느꼈다. 게다가 켄은 직원들에게 적절한 보상을 하기는커녕 나무라기만 했다.

그의 부서는 조직화되어 있지 못했고, 혼란과 혼동을 겪고 있었다. 그의 부서는 모든 평가 척도에서 아주 낮은 점수를 기록했다. 기업 전체로 비교하면 하위 10~15% 수준이었다.

켄은 워크숍 담당자와 조사 결과에 대해 이야기를 나누고 난 후, 더욱 당혹감을 느꼈다. 그는 다른 사람이 이 사실을 아는 것은 물론, 자신조차도 그 결과를 인정하기 두려워했다. 그 두려움 때문에 결과를 받아들이려 하지 않았음을 인정하면서, 결국 결과를 받아들였다.

지난 몇 년간, 그는 자신에게 맡겨진 관리자로서의 역할에 괴로움을 느껴왔다. 그는 조사 결과를 받아들임으로써 그 이유를 깨달을 수 있었다.

그는 직원들에게 영향을 미치거나 직원들을 관리하는 것을 진심으로 원하지 않았다. 또한 관리자로서의 능력도 부족했다. 돌이켜 생각해보면, 직원들에게 영향을 주려고 노력할 때마다 번번이 실패했다. 실패가 반복될수록 상황은 더욱 악화되었다.

켄은 이런 상황을 만회하기 위해, 성과를 올리기로 했다. 그것도 상위 2%에 들 정도로 아주 높은 목표를 세웠다. 그리고 그 목표를 혼자서라도 해내려고 노력했다. 하지만 그것은 불가능한 일이었다. 오히려 자기 혼자서만 일하고, 권한을 위임하지 않은 결과는 직원들의 사기만 떨어뜨렸다.

켄의 행동은 성취 욕구는 강하지만, 권력 욕구는 약한 사람들의 전형적인 모습이다. 이처럼 성취 욕구는 강하고 권력 욕구가 약한 사람들은 영업사원으로는 크게 성공할 수 있다.

하지만 높은 영업 실적 때문에 관리자의 자리에 오르게 되면서 오히려 어려움을 겪는, 아이로니컬한 일이 벌어지는 것이다.

성취 욕구가 강하다고 해서 훌륭한 관리자가 되는 게 아니라면, 과연 훌륭한 관리자가 되게 하는 동기는 무엇일까?

권력 동기power motive가 가장 중요할 것이라고 말하기에는 아직 이르다. 확실한 증거가 필요하다. 유능한 관리자는 다른 욕구들보다 권력 욕구를 통해 더 강한 동기를 부여받는다는 사실을 증명할 수 있는 근거가 필요하기 때문이다.

물론 다른 자질들에 있어서도 더 뛰어나야 한다. 하지만 누가 더 유능한 관리자인지를 어떻게 결정할 수 있을까?[6]

역주 6. 훌륭한 관리자가 되기 위해서는 권력 동기가 성취 동기보다 강해야 한다. 이는 추측이 아니라 확실한 증거가 필요하다. 그러나 권력 동기를 어떻게 측정하고, 권력 동기가 강해야 유능한 관리자가 된다는 것을 어떻게 입증할 수 있을까?

권력 동기를 측정하기 위해서는 명확한 기준이 필요하다. 하지만 명확한 기준이 없는 경우, 저자는 차선책으로 관리자가 영향을 미친 부서 내의 분위기를 활용한다. 분위기는 직원들의 사기에 직접적으로 반영되어 나타나기 때문에 사기를 측정하면 된다는 것이다.

생산, 마케팅, 재무 또는 연구개발 부문에서 관리자의 역량을 실제로 평가하는 작업은 쉬운 일은 아니다. 우리는 켄이 일하는 회사를 대상으로 유능한 관리자를 판단하는 작업을 시도했다.

우리는 이 과정에서 상사의 의견에만 의존하여 판단하지 않았다. 여러 가지 이유로 직원들의 실제 성과에 대한 상사의 판단은 정확하지 않을 수 있기 때문이다.

당시에는 관리자의 역량을 측정하기 위한 표준화된 기준이 없었다. 우리는 차선으로 업무 환경으로 시선을 돌렸다. 즉 관리자가 만들어낸 부서 내의 분위기에 초점을 맞췄다. 분위기는 직원들의 사기를 통해 나타나기 때문에, 관리자의 역량을 보여주는 지표로써 직원들의 사기를 평가했다.

많은 사람들이 말하는 것처럼 훌륭한 관리자란 – 여러 가지가 있지만– 직원들에게 활력을 불어넣어 주고,

스스로 책임감을 갖게 하고, 성과를 내면 적절한 보상을 해주고, 직원들이 스스로 알아서 하도록 업무를 체계화하는 능력이 있어야 한다.

무엇보다도 관리자는 직원들 간에 팀이라는 강한 유대감을 갖도록 동기를 부여하고, 팀의 일원으로 일하는 것에 긍지를 느끼도록 해야 한다. 관리자가 직원들로 하여금 이러한 마인드를 갖게 하고 고무시킬 때, 팀원들의 성과 역시 훨씬 높아지기 때문이다.[7]

역주 7. 훌륭한 관리자가 되기 위해서는 권력 욕구가 강해야 한다. 그러나 권력 욕구를 어떻게 측정할 수 있을까?

저자는 그 가운데 하나로 직원들의 사기를 제시하고 있다. 관리자는 직원들로 하여금 활력과 책임감을 느끼게 하고, 적절한 보상을 하고, 업무를 체계화하고, 유대감을 갖게 하고, 긍지를 느낄 수 있는 분위기를 만듦으로써 사기를 높이는 것이다.

그러나 한 가지 문제가 남아 있다. 높은 사기가 어떻다는 것인가? 저자는 권력 욕구가 강한 관리자들은 직원들의 사기에 영향을 미치고, 직원들의 사기는 매출에 영향을 미치게 된다고 말한다. 그리고 이를 입증함으로써 강한 권력 욕구가 유능한 관리자를 만드는 것이라고 말한다.

켄의 회사를 대상으로 연구하는 과정에서, 우리는 직원들의 사기와 매출 실적 간에 서로 밀접한 관계가 있다는 사실을 증명할 수 있었다.

이는 관리자의 성과를 측정하는 것이 비교적 쉬운 영업 부문으로, 매출액이라는 명확한 기준이 있었기 때문에 가능했다.

이 회사는 판매 지역에 따라 16개의 부서로 구성되어 있다. 당해 연도 4월, 각 지역마다 최소한 3명 이상 직원들을 선택하여 자신이 속한 조직의 투명성과 팀워크에 대한 설문 조사를 실시했다.

그런 후 그들이 평가한 점수로 평균과 합계를 구해, 부서별로 전체적인 사기를 산출했다.

그리고 그해 매출 성과를 –증가율 또는 감소율– 전년도의 매출 실적과 비교했다.

부서별로 매출 실적이 30% 가까이 증가한 곳에서

부터 8%나 감소한 곳까지 큰 차이를 보였다. 평균적으로는 14% 증가를 나타냈다.

도표 1은 적어도 켄의 회사에서 연초의 높은 사기가 실제로 영업 부서의 1년 매출에 지대한 영향을 미치고 있었다는 사실을 보여준다.

그리고 이 연구를 통해 영업 직원들에게 사기를 불러일으킬 수 있는 관리자들은 다른 부문예컨대 생산, 설계 등에서도 똑같이 업무 성과를 높일 수 있다는 사실도 확인할 수 있었다.

그렇다면 직원들의 사기를 높이는 관리자에게는 어떤 자질들이 필요할까?

|||||||||||||||||| **도표 1 : 사기와 매출 실적 사이의 관계** ||||||||||||||||||

연초에 측정한 사기 점수가 높을수록 1년 매출 실적이 더 높은 것으로 나타났다.

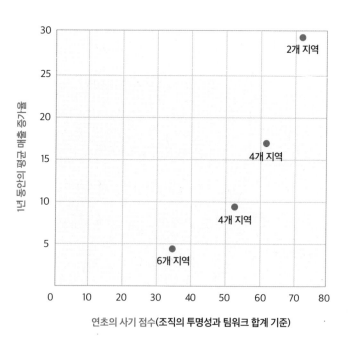

이타적으로
권력을 행사하라

직원들에게 사기를 불러일으키는 관리자들의 특성을 알아보기 위해, 앞에서 우리는 한 대기업을 대상으로 삼았다.

직원들의 사기가 높은 부서에서부터 낮은 부서까지 50명 이상의 관리자들을 뽑아, 직원들의 사기에 미치는 요인이 무엇인지를 조사했다.

그 결과 대부분 관리자들의 –70% 이상– 권력 욕구
가 평균보다 강한 것으로 나타났다.

이 연구 결과를 토대로 우리는 관리자들에게는 권
력 욕구가 중요한 역할을 하고 있다는 사실을 확인할
수 있었다. (우리가 말하는 '권력 동기'란 독재적인 통제가 아니
라, 다른 사람들에게 영향을 주려고 하는 욕구를 의미한다는 사실
을 기억하라). 그리고 직원들의 사기를 높이는 관리자들
의 경우에 권력 욕구가 훨씬 더 강하게 나타났다.

그러나 한 가지 중요한 사실이 있다. 사기를 높이는
관리자의 권력 욕구는 '성취 욕구'에 비해서가 아니라
'친화 욕구'에 비해 훨씬 더 강해야 한다는 것이다.[8]

역주 8. 직원들의 사기를 높이는 관리자에게는 어떤 자질들이 필요할까?

권력 동기가 강해야 하는 것은 당연하다. 하지만 직원들의 사기를 높이는 가장 결정적인 요인은 따로 있다. 권력 동기와 성취 동기의 상관관계가 아니라, 권력 동기가 친화 동기보다 얼마나 더 강하냐에 달려 있는 것이다.

영업 부서의 유능한 관리자들 중 80%는 권력 욕구가 친화 욕구보다 더 강하게 나타났다. 그에 비해 무능한 관리자들의 경우에는 10%만이 권력 욕구가 더 강했다.

이 결과는 영업 부서 이외의 모든 부문에서 거의 똑같았다.

예컨대 연구, 제품 개발, 생산 부문에서는 어떨까?

우수한 관리자의 73%가 권력 욕구가 친화 욕구보다 더 강한 것으로 나타났다. 이와 반대로 부진한 관리자들의 경우에는 22%만이 친화 욕구보다 권력 욕구가 더 강했다.

부진한 관리자들의 가장 강력한 욕구는 호감을 얻고 싶어 하는 친화 욕구였다. 즉 우리가 말하는 '친화형 관리자'들 말이다. 왜 이런 결과가 나오는 걸까?[9]

역주 9. 왜 친화형 관리자들은 직원들의 사기를 높일 수 없을까? 저자는 그 이유를 설명하면서 비유로 '닉슨의 사면'을 예로 들었다.

사회학자들은 오래전부터 관료 조직이 제대로 기능을 발휘하기 위해서는 관료들이 규칙을 공정하고 보편타당하게 적용해야 한다고 주장해왔다.

관료들이 개개인의 특별한 사정을 봐주기 위해 예외를 인정하기 시작하면, 시스템이 와해되어 국가 전체가 무너질 것이라는 의미다.

친화 욕구가 강한 관리자는 모든 사람들과 좋은 관계를 유지하기를 원한다. 따라서 특별한 개인 사정에 대한 예외를 인정해줄 가능성이 매우 높다.

어떤 직원이 가족이 아파서 가족을 돌보겠다며 휴가를 내면, 친화형 관리자는 딱한 사정을 측은히 여겨 아무 망설임도 없이 승낙한다.

제럴드 포드 전 미국 대통령이 닉슨을 사면하면서 닉슨은 "이미 죄 값을 충분히 치렀다."고 말했다. 그는 주로 닉슨의 처지나 감정만을 강조하면서 친화형 관리자처럼 처신했던 것이다.

사회학 이론과 우리의 연구에 따르면, 친화 욕구가 강한 사람은 훌륭한 관리자가 되기 어렵다. 친화형 관리자들은 직원들의 사기를 저하시키기 때문이다.

친화형 관리자들은 규칙을 깨고 예외를 인정하는 자신의 행위가 직원들의 사기를 떨어뜨린다는 사실을 이해하지 못 한다. 관리자의 예외적인 행위에 대해 직원들이 불공평하게 여길 것이라고는 생각하지 못하는 것이다.

마치 미국의 대다수 시민들이 닉슨은 사면하고, 오히려 죄가 더 가벼운 워터게이트 사건에 연루된 다른 사람들을 처벌하는 것은 불공평하다고 느끼는 감정과 똑같다.

지금까지 우리의 연구 결과만 보면, 다소 놀라울 것이다.

그렇다면 우리가 말하는 훌륭한 관리자는 권력에 대한 관심만 있고, 다른 사람들의 욕구에는 전혀 관심이 없다는 말인가?

꼭 그렇지는 않다. 왜냐하면 훌륭한 관리자는 이제 살펴보게 될 다른 자질들도 갖추고 있기 때문이다.[10]

역주 10. 훌륭한 관리자는 권력 욕구가 강해야 한다. 하지만 앞에서 말했듯이 권력 욕구는 사적 권력욕을 의미하는 것이 아니다.

훌륭한 관리자가 되기 위해서는 권력 욕구가 강해야 하지만, 동시에 다른 몇 가지 자질들도 갖추고 있어야 한다.

무엇보다 권력 욕구는 자신의 욕심이 아니라 조직을 위한 것이어야 한다. 그러기 위해서 절제되고 통제되어야 한다.

또한 이러한 자제력을 갖추게 되면, 그 결과 관리자는 이타주의적인 성향을 띠게 된다고 말한다. 그래서 훌륭한 관리자가 꼭 친화적이지 않다는 의미는 아니라고 설명한다.

무엇보다 훌륭한 관리자의 권력 욕구는 개인의 사적 세력이나 지위를 향상시키는 데 목적이 있는 것이

아니라, 그가 속한 조직을 향해 있다는 점을 들 수
있다.

이전에 실시했던 다른 연구에서, 우리는 중요한 사
실 하나를 발견했다. 즉 관리자들에게 권력과 관련된
이야기를 나름대로 상상해서 써보라고 권유한다. 그
러면 그 이야기에서 나타나는 통제된 행동이나 자제
력과 관련된 표현들을 통해, 그 사람이 추구하는 권
력의 유형이 무엇인지 알 수 있었다.[11]

저자
주석
11. 데이비드 맥클리랜드, 윌리엄 데이비스, 루돌프
칼린, 에릭 워너, 《술 마시는 사람, 알코올과 인간
의 동기부여》 프리 프레스, 1972.

권력 욕구가 강한 만큼 높은 자제력도 갖춘 사람들의 권력에 대한 이야기는 이타주의적인 성향을 띠었다. 그들의 이야기 속 영웅들은 타인을 위해 권력을 행사한다. 이것은 사적 권력에 관심을 두는 것과는 엄연히 다른 사회화된 권력의 모습이다.

사적 권력에 관심을 두는 사람들의 이야기는 권력에 집착하는 심상心象으로 가득 차 있을 뿐, 절제와 자제력의 기미는 전혀 보이지 않는다.

이 연구에서 우리는 사적 권력 욕구를 갖는 사람들이 충동적으로 권력을 행사한다는 사실을 확인했다. 그들은 다른 사람들에게 무례하고, 폭음을 하고, 다른 사람들을 성적 노리개로 삼으려 했다.

또한 그들은 값비싼 자동차나 넓은 사무실과 같이 자신의 권위를 상징하는 물건에 집착하는 습성을 가지고 있었다.

반면에 권력 욕구와 자제력이 둘 다 높은 사람들은 조직 중심으로 사고를 한다.

그들은 보다 많은 조직을 맡아 책임지려 하고, 음주를 자제하며, 다른 사람들을 위해 봉사하려는 마음을 지니고 있다.

워크숍에서도 유능한 관리자들이 권력 욕구와 자제력의 점수가 모두 높게 나타났다. 어쩌면 이는 당연한 결과다.

세 가지 유형의
관리자

:
:
:
:
:
:

지금까지 논의한 내용과 기업의 사례에서 드러난
관리자들의 특성을 요약해보면 다음과 같다.

우리가 말하는 유능한 관리자, 즉 조직형 관리자
institutional managers 들은 강한 권력 욕구와 높은 자제력
을 지니고 있다. 반면에 친화 욕구는 약한 편이었다.

그들은 조직적 형태의 권력에 관심을 갖고, 직원들이 보다 생산적으로 일할 수 있도록 영향력을 발휘한다.

이제 조직형 관리자, 친화형 관리자affiliative managers, 친화 욕구가 권력 욕구보다 강한 사람, 사적 권력형 관리자personal power managers, 권력 욕구가 친화 욕구보다는 강하고, 자제력은 낮은 사람들을 비교해보자.[12]

> 역주 12. 저자는 관리자들의 유형을 세 가지로 나누고 있다.
> 첫째, '조직형 관리자'는 조직 중심의 사고를 하며, 조직을 위해 권력을 행사하려는 욕구가 강한 관리자다. 권력 욕구가 강하고 높은 자제력을 지니면서 친화 욕구는 약하다.
> 둘째, '친화형 관리자'는 인간 친화적인 사고를 하

며, 호감을 얻으려는 욕구가 강한 관리자다. 친화 욕구가 권력 욕구보다 강하다.

셋째, '사적 권력형 관리자'는 개인 중심의 사고를 하며, 개인의 권력 의지가 강한 관리자다. 권력 욕구가 친화 욕구보다 강하고, 자제력은 낮다.

우리가 사례로 든 회사의 영업 부서에서도 세 가지 유형의 관리자들을 확인할 수 있었다.

도표 2는 세 가지 유형의 관리자들에 대해 직원들이 평가한 책임감, 조직의 투명성, 팀워크가 어느 정도인지를 보여준다.

|||||||||||||||||||| 도표 2 : 가장 효율적인 관리자 유형은? ||||||||||||||||||||

책임감, 조직의 투명성, 팀워크 항목에서 관리자들의 유형에 따라
점수가 달라진다.

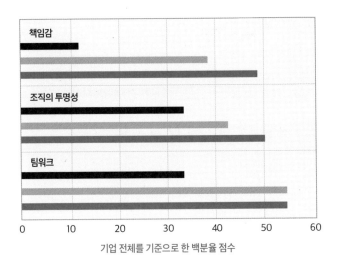

기업 전체를 기준으로 한 백분율 점수

■■■■ 친화형 관리자(권력 욕구보다 친화 욕구가 강하고, 낮은 자제력을 지님)
■■■■ 사적 권력형 관리자(친화 욕구보다 권력 욕구가 강하고, 낮은 자제력을 지님)
■■■■ 조직형 관리자(친화 욕구보다 권력 욕구가 강하고, 높은 자제력을 지님)

친화형 관리자들의 경우는 직원들이 책임감을 별로 느끼지 못하고, 조직 내에 절차가 투명하지 않으며, 자신들이 속한 집단에 자긍심을 전혀 느끼지 못했다.

간략히 말하면 친화형 관리자들은 우리가 예상한 대로, 절차를 완전히 무시하고 감정에 치우치거나 즉흥적인 결정을 내릴 때가 너무도 많다.

이렇게 절차를 무시함으로써 직원들은 무력감에 빠지고, 책임감을 느낄 이유가 없어진다. 또 다음에 무슨 일이 벌어질지 전혀 예측할 수가 없어 관리자와의 관계에서도 어떤 입장을 취해야 할지 감을 잡을 수가 없다.

무엇보다 앞으로 일어날 문제점에 대한 대비를 할 수 없다. 심지어 마땅히 해야 할 일마저도 꼭 해야 하는지 갈피를 잡지 못한다.

도표에서 보듯이 친화형 관리자들은 직원들의 사기를 측정하는 세 가지 기준들 –책임감, 조직의 투명성, 팀워크– 모두가 40% 아래로 가장 낮다.

사적인 권력 욕구에 의해 동기가 부여되는 사적 권력형 관리자는 일부 항목에서 높은 점수를 보인다. 그들은 직원들에게 높은 수준의 책임감과 팀워크를 불러일으킨다. 특히 팀워크는 매우 높게 나타났다.

이런 관리자들은 부대원들에게 힘을 불어넣는 뛰어

난 지도력으로 유명한 미국의 전차 부대 사령관, 조지 패턴 장군과 같은 리더십을 발휘하고 있다.

그러나 주목해야 할 것이 있다. 도표에서 보듯이 사적 권력형 관리자들의 경우에 조직의 투명성이 40% 선으로 낮게 나타난다는 사실이다. 그에 비해 조직형 관리자들의 —강한 권력 욕구, 약한 친화 욕구, 높은 자제력을 지닌 관리자들— 점수는 모든 항목에서 아주 높게 나타났다.

사적 권력형 관리자들은 조직을 효율적으로 구축하는 자질이 부족하다. 직원들은 자신이 일하는 조직보다는 관리자 개인에게 더욱 충성하는 경향이 있다.

이런 사적 권력 욕구가 강한 관리자가 기업을 떠나고 나면, 조직이 와해되는 현상이 발생한다. 관리자가 사적으로 유지했던 강력한 팀워크도 급속히 무너진다. 직원들이 자신들의 역할을 스스로 알아서 하지 못하기 때문이다.

직원들이 일을 가장 효과적으로 할 수 있도록 조직 환경을 만들어내는 유형은 조직형 관리자들이다. 그런 관리자 밑에서 직원들은 더욱 큰 책임감을 느낀다.

또한 조직형 관리자들은 조직의 투명성과 팀워크를 최대한 끌어올려 동기를 부여함으로써, 직원들에게 높은 사기를 이끌어낸다. 조직형 관리자가 조직을

떠나더라도 다른 관리자로 얼마든지 대체될 수 있다.

직원들이 관리자 개인이 아니라 조직에 충성하도록 효율적으로 시스템을 구축해왔기 때문이다.[13]

> 역주 13. 조직형 관리자의 경우는 직원들의 책임감이 매우 높고, 조직의 투명성과 팀워크 역시 매우 높다. 그 결과 직원들에게 높은 사기를 불러일으킨다.
>
> 또한 조직형 관리자들은 직원들이 관리자 개인이 아니라 조직에 충성하도록 한다. 이를 위해 조직을 개인의 감정이나 기분에 따라 혹은 개인 권력의 힘에 의해서가 아니라, 업무 시스템을 기반으로 운영함으로써 조직의 효율성을 높이기 위해 노력한다.

인간관계를 중요하게 여기는 친화형 관리자보다 권력을 추구하는 관리자들의 성향이 직원들의 사기를 더 불러일으킨다는 사실은 부정할 수 없다. 따라서 우리는 권력 욕구가 훌륭한 관리자가 되는 데 필수 불가결한 요인이라는 사실을 받아들여야 한다.

오랫동안 조직심리학은 권위주의를 대표하는 수직적 관리 체계가 미국의 기업 환경에 적합하지 않다고 주장해왔다.

하지만 우리의 연구 결과는 이러한 전통적 견해와는 다르다.

솔직히 말해서 권위주의라는 망령 때문에, 관리에 있어서 권력의 중요성을 무시해서는 안 된다는 점을 강조하고 싶다.[14]

역주 14. 저자는 조직심리학에서 주장하는 권위주의적인 관리 방식에 대한 비판이 여전히 영향력을 발휘하는 것은 권위주의의 망령 때문이라고 말한다. 즉 독재에 대한 두려움과 권위주의라는 좋지 않은 경험 때문이다. 이것이 관리에 있어서도 권력의 중요성을 무시하도록 이용되어 왔다는 것이다.

결국 경영관리란 영향력을 주고받는 게임이기 때문이다.

그러나 민주적인 관리 방식을 주장하는 사람들은 한 가지 사실을 간과하고 있다. 그들은 관리자가 직원들의 업무 처리를 도와주는 것보다 직원들의 개인적인 요구 사항에 더 많은 관심을 가져야 한다고 주장함으로써, 권력의 중요성을 간과하는 실수를 범하고 있다.

우리의 연구 결과와 행동심리학자들의 주장이 서로 다르게 보이는 것은 논의의 초점이 다르기 때문이다. 우리는 '동기'에 대해 언급하고 있고, 행동심리학자들은 '행동'에 관해 논의하고 있기 때문이다.

우리는 관리자들이 절제된 방식으로 영향력을 주고받는 게임을 하는 데, 관심을 기울여야 한다. 이는 관리자들이 권위주의적으로 행동해야 한다는 의미가 아니다.

권위주의적인 행동은 직원들에게 나약하고 무력감

을 느끼게 한다. 하지만 권력 욕구에 의해 동기가 부여되는 관리자들은 직원들 또한 권력을 가질 수 있도록 해서 강한 의욕을 불러일으킨다.

그리고 관리자가 갖추어야 할 또 다른 중요한 자질은 관리 방식managerial style이다. 우리가 사례로 든 회사에서, 직원들의 사기가 높은 유능한 관리자들의 63%가 민주적인 관리 방식이었다. 혹은 코칭 스타일, 즉 지도자적인 관리 방식의 관리자들이었다.

반면에 무능력한 관리자의 경우에는 민주적인 관리 방식을 이용하는 사례가 22%에 불과했다. 무능력한 관리자는 독재적인 방식이거나 강압적인 스타일의 관리자들이었다.

　유능한 관리자는 권력 욕구가 강하고, 민주적인 방식으로 자신의 영향력을 발휘한다. 그리고 이것이 더 좋은 성과로 이어진다.[15]

역주 15. 훌륭한 관리자가 되기 위해서 권력 욕구는 강하고, 자제력은 높고, 친화 욕구는 약해야 한다.

하지만 이것만으로는 아직 부족하다. 훌륭한 관리자로서 또 한 가지 갖추어야 할 아주 중요한 자질이 있다. 그것이 바로 관리 방식, 즉 관리 스타일이다.

　이번에는 권력 욕구와 관리 방식의 관계를 알아보기 위해서, 또 다른 회사의 영업 관리자인 조지 프렌티스의 사례를 살펴보자.

조지는 조직형 관리자에 적합한 자질들을 모두 갖추고 있었다. 그는 권력 욕구는 강하고, 친화 욕구는 약하고, 자제력은 높았다. 그는 권력을 절제되고 조직화된 방식으로 행사했다.

그가 쓴 다음 이야기들은 이런 사실을 보여준다.

"회의 책상에 앉아 있는 직원들이 모두 만족해했다. 그들은 회사의 조직 개편안을 성공적으로 마무리했다. 그동안 회사는 조직상의 여러 문제들에 봉착해 있었다. 하지만 강력한 추진력을 지닌, 똑똑한 스타일의 젊은 임원이 이끄는 팀이 새로운 직무와 책임을 맡았다. 그리고 회사의 조직을 구조적으로 완전히 새롭게 변화시켰다……"

우리는 조지의 다른 글에서 그가 회사에서 인정받고 있다는 사실을 알 수 있었다. 그리고 워크숍이 끝나고 얼마 안 되어, 그는 모든 영업을 총괄하는 부사장으로 승진했다.

하지만 그는 동료들에게는 괴물로 불리고 있었다. 누구든 자기의 앞길을 가로막으면, 그 사람이 '자신의 할머니라도 깔아뭉갤' 정도로 거친 위인이라는 말이 자자했다.

그는 관리자로서 필요한 자질들을 모두 갖추고 있었다. 실제로도 개인적인 권력보다는 조직 전체의 성장에 더 큰 관심을 기울였다.

하지만 그의 관리 스타일은 완전히 잘못되었다. 그는 경영진으로부터 임무를 부여받으면, 그 즉시 직원들에게 해야 할 일을 명령했다. 그리고 이 일을 해내지 못하면 무시무시한 대가가 있을 것이라고 직원들을 위협했다.

하지만 워크숍에서 자신의 관리 스타일이 권위주의적 방식이라는 사실을 알고 난 후, 그는 자신의 관리 스타일이 비생산적이라는 사실을 인정했다.

우리의 또 다른 연구를 통해서도 권위주의적인 관리 방식은 실제로 직원들의 사기를 저하시킨다는 사실이 밝혀졌다.

그후 그는 관리 스타일을 바꿔, 마치 코치와 같이 행동했다. 부족한 점을 찾아내 이를 보완하는 과정을 통해 비로소 자신의 임무를 제대로 알기 시작했다.

자신의 직무가 직원들에게 일을 하도록 강요하는 것이 아니라, 그들이 업무를 효율적으로 처리할 수 있도록 도와주는 것이라는 사실을 명확히 깨달았다.

뛰어난
조직형 관리자의 특성

조지가 자신의 관리 스타일을 쉽게 바꿀 수 있었던 데에는 이유가 있었다.

그는 다른 사람들을 도와주고자 하는 강한 욕구를 지니고 있었다. 다른 사람들을 도우려는 욕구가 강한 사람들은 조직을 구축하는 과정을 통해 동기를 부여받는 특성이 있다.

이는 조직 구축에 적합한 동기 패턴을 지닌 사람들의 특징이다.

더 나아가 조직 구축에 뛰어난 관리자들, 즉 조직형 관리자들의 생각과 행동을 고찰함으로써 이러한 관리자들의 네 가지 특성을 발견했다.

1. 조직형 관리자들은 항상 조직을 염두에 둔다. 그들은 조직에 참여하고, 조직을 발전시키는 일에 강한 책임감을 느낀다. 또한 그들은 권력 집중으로 얻을 수 있는 장점들을 잘 이해하고 있다.

2. 조직형 관리자들은 원칙과 절차에 따라 일을 처리하면서 즐긴다. 체계적으로 일하는 과정에서 더 큰 만족감을 느낀다. 이를 통해 그들의 권력 욕구를 충족하고 만족감을 얻는다.

3. 조직형 관리자들은 그들이 일하는 조직의 발전을 위해
서 자신의 이익을 기꺼이 희생하려는 성향이 있다.

4. 조직형 관리자들은 매우 공정하다. 그들은 열심히 일하
고 조직의 이익을 위해 희생하는 사람은 그에 따른 보
상을 받는 게 정당하다고 믿는다.

조직의 성과에 관심을 기울이는 조직형 관리자들
이, 왜 이러한 네 가지 특성을 지니고 있는지는 누구
나 쉽게 짐작할 것이다.

우리는 조지의 회사에서 유능한 관리자들을 분석
하는 과정에서 새로운 사실을 발견했다.

그들은 훨씬 성숙한 사람들이었다. 쉽게 말해 성숙한 사람이란 이기적이지 않다는 것이다.

직무상 긍정적인 자아상이 반드시 필요하다고 말할 수는 없다.

하지만 성숙한 관리자들은 방어적인 자세를 취하지 않으며, 전문가들의 조언을 적극적으로 구하고, 장기적인 안목을 갖고 일한다.

또한 원숙하고 보다 현명한 태도를 보인다. 마치 인생이 영원하지 않다는 사실을 깨달은 사람처럼 행동한다. 그리고 자신의 미래만이 소중하다는 이기심에서 벗어나 있다.[16]

역주 16. 조직형 관리자는 직원들에게 책임감을 갖게 하고, 조직의 투명성과 팀워크를 높여 직원들의 사기를 불러일으킨다. 또한 조직형 관리자들은 직원들에게 관리자 개인이 아니라 조직에 충성하도록 하며, 다른 사람들을 도와주기 위해 권력을 행사한다. 그 결과 그들의 권력 욕구는 이타적인 성향을 띠게 된다. 그리고 조직형 관리자들은 네 가지 특성을 지니고 있을 뿐만 아니라, 정신적으로 매우 성숙한 모습을 보인다.

하지만 미국의 많은 기업인들은 이러한 성숙한 자세를 두려워한다. 성숙한 관리자들은 추진력이 떨어지고, 성장을 추구하려는 의지가 약하고, 조직을 효율적으로 운영하는 데 헌신하지 못할 것으로 지레 생각한다.

그러나 우리가 분석한 연구 결과는 그들의 우려와 전혀 달랐다.

조지 역시 워크숍에 참석하기 전에는 그렇게 생각했다. 하지만 워크숍 후, 그는 인정받는 관리자가 되었다.

그것은 그가 자신에 대한 믿음을 버렸기 때문이 아니라, 바로 그 믿음이 더욱 강화되었기 때문이다. 오히려 그런 성숙한 자세로 인해 더욱 인정받는 관리자가 되었다.

그 이유는 간단하다. 직원들 역시 그가 진심으로 자신이 아니라 회사를 위해 일하고 있다는 믿음이 들었기 때문이다. 한때 직원들은 그의 자신감을 존경하

기보다는 두려워했다. 하지만 이제는 그를 신뢰하게
되었다.

예전에 조지는 새로 산 포르쉐와 혼다자동차를 화
제 삼아 자랑하면서 자신이 '대단한 사람'임을 과시
했다. 그는 자신의 이미지를 그런 식으로 유지했다.

하지만 최근에 만난 그는 우리에게 "이제 더 이상
그런 것들을 사들이지 않는다."고 슬쩍 말했다.

관리 스타일
바꾸기

조지는 워크숍을 통해 자신을 객관적으로 바라본 후, 관리 스타일을 변화시킬 수 있었다. 그러나 과연 모든 관리자가 자신에 대한 성찰만으로 관리 스타일을 개선할 수 있을까?

도표 3에 나타난 결과들을 살펴보자.

이 도표는 관리자들이 워크숍에 참석하기 전과 후

를 기준으로 직원들의 사기를 점수로 비교해놓았다.

직원들의 평가에 따르면 워크숍 이후, 관리자들의 관리 스타일이 달라졌다는 것을 확인할 수 있다.

직원들은 더 많은 보상을 받고 있고, 조직의 절차가 투명해졌으며, 사기도 높아졌다고 느꼈다.[17]

역주 17. 도표 3을 보면 관리자들이 자신의 관리 스타일을 바꾼 후, 직원들의 사기가 확실히 높아졌다는 사실을 확인할 수 있다. 책임감, 직원들에 대한 보상, 조직의 투명성, 팀워크가 모두 향상됨을 알 수 있다.

하지만 모든 관리자가 이를 이해하더라도, 과연 모두가 자신의 관리 스타일을 바꿀 수 있을까? 그리고 꼭 바꿔야만 할까?

저자는 이렇게 물으면서, 관리 스타일을 바꾸지 못하는 경우로 켄 브릭스의 사례를 예로 들었다.

||||||||||||||||||||||| **도표 3 : 관리 스타일 변화의 효과** |||||||||||||||||||||||

워크숍 이후 직원들의 사기가 높아졌다.

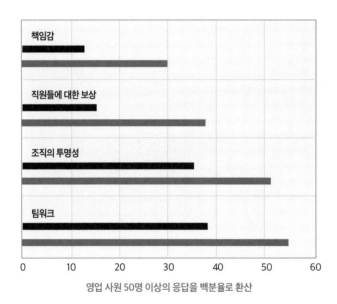

영업 사원 50명 이상의 응답을 백분율로 환산

■■■■■ 워크숍 이전
■■■■■ 워크숍 이후

그렇다면 이러한 변화는 관리자 한 개인에게는 어떤 의미가 있을까?

관리자들은 어떤 과정을 거쳐 변화했던 것일까?

어떤 경우에는 관리자 스스로가 다른 업무를 맡아야겠다고 결정하기도 했다.

예를 들면 켄 브릭스의 경우가 그렇다. 그는 다른 사람들에게 영향을 미치는 일을 꺼려했기 때문에, 자신이 관리자로서의 능력이 부족하다는 결론을 내렸다.

그는 자신이 맡았던 관리자로서의 직무를 잘 수행하기 위해서는 변해야 한다는 사실을 인정했다. 그래서 그는 자신이 가장 좋아했던 영업으로 돌아가는 것이 더 낫다고 결정했다. 마침내 그는 경영진의 도움을 받아 세일즈 업무로 돌아갔다.

켄은 재고를 처리하는 부서로 자리를 옮겼다. 회사의 대리점들이 신제품들을 매입해 판매할 수 있도록, 작년의 재고를 처분하는 업무를 맡았다. 그는 자신의 새로운 업무를 매우 성공적으로 해냈다.

비용을 절감했고 매출을 증대시켰다. 그 업무를 맡은 지 얼마 지나지 않아, 철 지난 재고를 처분하는 자신만의 노하우도 개발했다. 그는 회사에 꼭 필요한 존재로 자리 잡았다. 자신에게 맡겨진 역할을 독자적으로 마음껏 펼칠 수 있었으며, 회사에 매우 만족스러운 결과를 가져다주었다. 무엇보다 직원을 관리해야 할 책임에서 벗어나 자유로워졌다.

반면에 조지 프렌티스의 경우에는 그다지 큰 변화가 필요 없었다. 그는 이미 관리자로서 필요한 자질들을 갖춘 유능한 관리자였다. 하지만 그도 승진하고 난 후, 자신의 관리 스타일을 약간 바꿀 필요가 있음을 깨달았다.

직원들을 보다 긍정적으로 대하고, 강압적인 관리 스타일을 민주적으로 바꿔야 한다는 사실을 받아들였다. 그런 변화를 실천하면서, 그는 이전보다 훨씬 더 성공적으로 업무를 수행해냈다.

하지만 앞의 켄과는 다르게, 관리자로서 적합한 자질이 부족하면서도 자신의 업무를 바꾸려고 하지 않으면 어떨까?

찰리 블레이크의 사례가 교훈이 될 것이다. 켄과 마찬가지로 찰리는 권력 욕구가 약했고, 성취 욕구는 보통이었으며, 친화 욕구는 평균보다 강했다. 그는 전형적인 친화형 관리자들의 동기 형태를 지니고 있었다.

예상했던 대로 그의 직원들의 사기는 매우 낮았다. 직원들이 매긴 책임감과 보상에 대한 평가는 10%였고, 팀워크도 30%에 불과했다. 찰리는 이 결과를 받고 충격에 빠졌다.

워크숍에서 세 가지 관리 스타일에 대한 영상을 본후, 찰리는 자신의 관리 스타일이 권위주의적이라는 사실을 인정했다.

이어진 토론에서 워크숍을 진행하는 강사와 참여자들이 찰리의 권위주의적인 관리 스타일을 조목조목 비판했다. 그러자 그는 화를 냈다. 그는 토론 내용에 강하게 반발하면서 불만을 표시했고, 심지어 워크숍의 진행을 방해하기까지 했다.

워크숍이 끝나고 얼마 후, 우리는 다시 그를 만날 기회가 있었다. 그때 찰리는 이렇게 말했다.

"그땐 제가 너무 흥분했었습니다. 제가 화를 참지 못하고 여러분들의 지적을 전부 엉터리라고 고함을 지르고 말았죠. 게다가 직원들을 관리해왔던 그 동안의 제 방식이 잘못되었다고 지적을 받자, 더욱더 화가 치밀더군요. 하지만 내심으로는 무언가 잘못되고 있다는 것을 깨달았죠. 당시 우리 부서의 매출 실적이 그다지 좋지 않았거든요. 어찌 됐든 그에 대한 모든 책임은 직원들이 아니라 저에게 있었죠. 직원들이 책임감을 느끼지 못하고, 성과를 달성했을 때도 적절한 보상을 제대로 받지 못하고 있다는 설문 결과가 모두 사실이었으니까요."

찰리는 워크숍에서의 비판을 스스로 받아들인 것이다. 그의 말은 계속되었다.

"그 결과의 의미를 되새겨봐야 한다는 생각이 들었죠. 그래서 제가 해야 할 일들에 대해 생각해보았습니다. 모든 일을 혼자서 처리하려는 태도를 바꾸고, 생각만큼 직원들이 일을 못했을 때도 화를 내는 대신에 제가 먼저 관리자의 역할을 제대로 해야겠다는 생각을 했죠. 그러자 마음이 차분해졌고 워크숍을 마치고 돌아오는 길에 '실수를 하는 것이 나쁜 것이 아니라, 실수로부터 아무것도 배우려고 하지 않는 것이 나쁘다'는 사실을 깨닫게 되었습니다."

워크숍에 돌아온 후, 찰리는 자신이 생각하는 바를 실천했다. 우리는 6개월 후, 직원들에게 다시 그를 평가하게 했다. 찰리는 결과를 확인하기 위해 두 번째 워크숍에 참석했다. 찰리는 이렇게 말했다.

"첫 번째 워크숍 이후, 직원들과 함께 일하면서 제 주장만 고집하지 않으려고 노력했습니다. 그런 제 노력이 우리 부서의 분위기에 어떤 변화를 주었는지 궁

금해 무척 떨렸습니다. 팀워크를 포함하여 낮게 평가 받았던 여러 항목들이 30%에서 55%로 높아졌다는 결과를 들으니, 말할 수 없이 기쁘고 안도가 되네요."

찰리에게 관리 스타일이 어떻게 바뀌었는지 묻자, 그는 이렇게 말했다.

"예전에는 본사에서 우리가 잡았던 목표보다 많은 110%를 달성해야 한다는 말을 들으면, 그 즉시 영업 사원들을 불러 '이건 말도 안 돼. 아무리 해도 달성할 수 없는 터무니없는 목표야! 하지만 이 목표를 달성 하지 못하면, 어떤 일이 벌어질지 자네들도 잘 알고 있겠지? 그러니 나가서 죽어라고 뛰는 수밖에!'라고 말했습니다."

하지만 결과는 혹독했다. 찰리는 죽어라고 하루에 20시간씩 일을 했고, 직원들은 자신들이 해야 할 일들을 제대로 찾지 못했다.

"워크숍을 다녀 온 후, 접근 방식을 다르게 했습니다. 우선 직원들에게 세 가지를 말했습니다. 첫째, 우리는 회사를 위해서 헌신해야 합니다. 둘째, 무조건 열심히 일한다고 해서 도움이 되는 것은 아닙니다. 우리는 이미 최선을 다해 열심히 일하고 있습니다. 우리에게 필요한 것은 거래처 발굴과 특별한 판촉행사입니다. 하지만 이를 위해서 어느 정도는 예전과 다른 새로운 방식으로 업무를 바라봐야 합니다. 셋째, 저도 여러분들을 적극 도울 것입니다. 그리고 목표를 세우는 것도 여러분들과 함께 현실에 맞게 할 것입니다. 회사의 목표에 미치지 못하더라도 개인의 목표를 달성하면 결코 불이익을 받지 않을 것입니다. 그렇지만 여러분이 회사의 목표를 달성한다면, 반드시 그 성과에 대해 어떤 형태로든 특별한 보상을 받게 할 것입니다."

그 말을 들은 영업사원들은 찰리가 노력한다고 해도 자신들에게 보상해줄 만큼의 영향력이 없지 않느냐고 이의를 제기했다. 하지만 찰리는 화를 내기보다 그의 권한으로 해줄 수 있는 최대한의 보상을 약속했다. 예컨대 휴가 연장 등의 보상이었다.

여기서 우리는 찰리가 훌륭한 자질을 갖춘 조직형 관리자로서 행동하기 시작했다는 사실에 주목할 필요가 있다. 그는 무엇보다 권력 욕구가 –직원들에게 영향을 미치려고 하는 욕구– 강해졌으며, 모든 것을 혼자 하려고 했던 성취 욕구는 약해졌다.

그는 직원들에게는 회사를 위해 헌신할 것을 요구했다. 직원들이 이의를 제기했을 때도 방어적인 자세로 핑계를 대거나, 꾸짖지 않았다. 오히려 그들의 욕구가 무엇인지 관심을 기울이고 해결함으로써 그들에게 영향력을 발휘했다.

또한 자신의 역할이 직원들을 비난하는 것이 아니라 격려하고 지원하는 것임을 깨달았다. 그리고 직원들의 노력에 대해 정당한 보상을 해주기 위해 최선을 다했다.

확실히 찰리의 이러한 관리 방식으로의 변화는 큰 성과로 이어졌다. 당해 연도의 매출 실적은 전년도에 비해 16% 증가했다. 1년 전에 비해 그 이상의 증가를 보였다. 전년도 대비 매출 증가율은 전국 7위였고, 다음 해에는 3위까지 올랐다.

이 회사에서 관리 스타일을 바꾼 사람은 찰리만이 아니었다. 그 결과 회사의 전반적인 성장도 상당했다. 회사의 전체 매출액이 크게 증가했다. 전년도의 1,500만 달러 적자가 300만 달러 흑자로 돌아섰다. 다음 해에도 회사 매출액과 순이익이 각각 11%와 38%씩 계속해서 증가했다.

물론 모든 사람이 워크숍을 통해 변화될 수 있는 것은 아니다. 헨리 카터가 그랬다.

워크숍에 참석하기 전, 그는 영업 부서의 관리자였고 직원들의 사기는 아주 낮았다. (20% 정도) 워크숍을 마치고 6개월 후, 그 부서의 사기를 다시 측정했지만 전혀 향상된 게 없었다. 매출 실적도 전년도에 비해 겨우 2% 증가에 불과했다.

이상하게도 헨리의 경우에는 모든 사람들이 그를 좋아했기 때문에, 자신이 변화해야 한다는 필요성을 전혀 느끼지 못하고 있었다.

그것이 문제였다. 늘 파티를 즐겼고, 동료들이 구하기 힘든 귀한 담배나 와인을 싼값으로 살 수 있게 도와주었기 때문에 특히 인기가 좋았다.

헨리 부서의 매출 실적은 다른 부서에 비해 좋지

않았다. 하지만 그는 모든 사람들과 좋은 관계를 유지함으로써 자신의 입지를 공고히 했다.

워크숍에서도 그는 뛰어난 대인관계 능력을 발휘했다. 워크숍에서 비즈니스 게임business games을 실시하는 과정이 있다. 여기서 헨리는 아주 낮은 점수가 나왔다. 게임이 끝나고 헨리가 낮은 점수를 받은 이유와 더 나아가 실제 업무에서도 그렇게 행동하는지에 대한 토론이 벌어졌다.

그러자 업계에서 꽤 알려진 두 명의 참여자가 나서서 곧바로 그를 옹호하기 시작했다. 그들은 다른 사람이나 조직을 도우려고 하는 헨리의 성향 때문에 게임 결과가 그렇게 낮게 나온 것뿐이라고 헨리를 변호

했다. 그래서 헨리의 방식은 실패가 아니라는 설명까지 덧붙였다.

그들 덕분에 헨리는 전혀 대구할 필요가 없었다. 그는 모든 사람들에게 호의적이고 도움을 주는 동료로서의 이미지를 아주 잘 다져 놓았다. 그렇기 때문에 실적은 부진했지만, 자신의 관리 스타일을 변화시켜야 한다는 필요성을 전혀 느끼지 못했던 것이다.

지금까지 봤던 켄 브릭스, 조지 프렌티시, 찰리 블레이크, 그리고 헨리 카터의 사례에서 우리는 무엇을 배울 수 있을까?

우리는 유능한 관리자를 만드는 동기들이 무엇인

지, 관리자로서 필요한 자질들을 고루 갖추고 있어야만 비로소 변화가 가능하다는 사실도 알게 되었다.

대기업을 대상으로 한 연구에 따르면, 반드시 업무에 필요한 요소임에도 불구하고 많은 유능한 관리자들은 성취 욕구가 생각보다 약했다. 그리고 최고관리자들은 타인의 호감에 관심을 갖는 친화 욕구보다 권력 욕구가 강하게 나타났다.

하지만 그들의 권력 욕구는 반드시 사회화되어야 한다. 자기 절제가 실현될 때, 권력 욕구는 개인의 이익이 아니라 조직 전체의 이익에 도움을 줄 수 있다. 이러한 사회화된 권력 욕구를 지닌 관리자들이 기업이라는 제국을 건설한다.

그들은 조직 내에 높은 사기를 불러일으키고, 자신이 꿈꾸는 모습으로 조직을 확장시켜 나갈 수 있는 능력이 있다.

그러나 이런 사회화된 권력 욕구에도 위험은 있다. 국가들의 경우처럼, 이러한 관리자들이 건설한 기업이라는 왕국은 제국주의나 권위주의적 형태의 독재로 추락할 가능성을 언제나 가지고 있다.

권력 욕구가 유능한 관리자를 만들기도 하지만, 이러한 권력을 지향하는 특성이 직원들을 통제하려는 무기로 작용할 수 있기 때문이다.

마찬가지로 조직 확장에 대한 강력한 욕망이 다른 기업을 지배하고자 하는 시도를 하게 만들 수 있다.

물론 그러한 시도가 표면상으로는 기업의 조직 확장에 대한 관심에 의한 것으로 보이기 쉽다. 따라서 거대한 대기업들을 정부가 정기적으로 규제해야 한다는 것은 그리 놀랄 만한 일이 아니다.

이와 비슷하게 최고로 유능한 관리자는 자제 요인 regulator으로 작용하는 두 가지 특성을 갖추고 있다.

하나는 이기심이 없는 정신적 성숙함이고, 또 하나는 민주적인 혹은 지도자적인 코칭 스타일이다.

관리자들은 성숙함으로 자신의 권력 욕구를 조절해야 한다. 그래야 공격적이고 이기적인 형태로 사업 확장에만 집착하는 위험을 사전에 막을 수 있다.

또한 강압이나 권위주의적인 관리 스타일에 의지하

지 않고서도 직원들을 관리하고 그들에게 영향을 미칠 수 있어야 한다.

지금까지 우리가 경험적, 통계적 조사를 통해 밝혀낸 사실들이 일반적인 상식처럼 들릴 수도 있다. 그러나 그것은 상식에만 머무르고 있는 것은 아니다. 우리의 연구 결과를 바탕으로, 이제 기업은 훌륭한 관리자의 특성이 무엇인지를 객관적으로 정의할 수 있다.

교육을 통해 무엇보다 기업은 훌륭한 관리자가 될 수 있는 자질을 지닌 직원들을 선발할 수 있으며, 기존의 관리자들은 더욱더 자신감을 갖고 효과적으로 일할 수 있는 기회를 가질 수 있게 된 것이다.

: 부록 :

워크숍 기법들

이 글에서 언급한 사례 연구와 자료들은 우리가 실시했던 여러 차례의 워크숍을 통해 얻은 것이다. 워크숍에서 관리자들은 자신의 관리 방식과 자질에 대해 알게 되었다. 그리고 자신의 관리 스타일과 자질을 변화시킬 수 있는 방법에 대해서도 배울 수 있었다.

또한 우리는 워크숍을 통해 어떤 동기 형태가 가장 유능한 관리자를 만드는가에 대한 연구를 함께 진행했다.

이 글과 워크숍에서, 우리는 '성취 욕구', '친화 욕구', '권력 욕구'라는 다소 전문 용어들을 사용하고 있다. 이러한 용어들은 개인이나 조직의 동기를 측정하기 위한 요인들이다. 이 세 가지 특성들은 워크숍에서 설문에 응한 관리자들의 대답을 분석함으로써 다음과 같이 측정했다.

'성취 욕구'는 관리자들이 업무를 이전보다 더 효율적으로 잘하려고 하는 욕구가 얼마나 강한지 측정했다. '친화 욕구'는 다른 사람들과 좋은 관계를 맺거나 유지하려는 욕구가 얼마나 강한지 측정했다. '권력 욕구'는 다른 사람들에게 영향을 주려고 하는 욕구가 얼마나 강한지 측정했다.

한 가지 사실, 여기서 말하는 권력 욕구는 독재적 통제가 아니라 다른 사람에게 영향력을 발휘하려는 관심을 의미한다.

워크숍에 참가한 관리자들은 맨 처음 업무를 묻는 설문지를 작성한다. 이후 참여자들은 자신의 업무를 분석하고, 자신들이 생각하는 직무상 반드시 갖춰야 할 자질들이 무엇인지 생각하는 시간을 갖는다.

그런 후 우리는 업무에 관련된 다양한 상황들을 예시하는 그림들을 보여주고, 자신이 느끼는 바를 글로 써보라고 요구한다. 우리는 그들이 쓴 이야기에 드러난 각 개인들의 성취 욕구, 친화 욕구, 권력 욕구에 대한 관심은 어느 정도이고 또 어느 정도의 자제력을 지니고 있는지 점수를 측정했다.

그 결과를 전국적인 표준과 비교한다. 참여자들은 업무적으로 필요한 특성과 자신이 지닌 자질의 차이를 확인한다. 자신이 적합한 업무를 하고 있는지, 승진해서 다른 부서로 옮겨도 되는지, 혹은 현재의 업무에 잘 적응해 나갈 수 있는지를 결정하게 된다.

우리는 참여자들의 관리 스타일을 알아보기 위해 두 번째 설문지에 답하게 했다. 설문지의 문항 가운데 다양한 업무 상황에서 그들이 실제로 대처하는 방식을 선택한다.

그 결과를 분석하여, 우리는 여섯 가지 관리 스타일로 나누었다. 즉 '민주적', '친화적', '선도적', '지도적', '강압적', '권위주의적' 관리 스타일이다. 참여자들은 각각의 관리 스타일이 지닌 장단점을 말하고, 자신이 선호하는 스타일을 밝혔다.

관리자의 역량을 판단하는 또 다른 방법은 직원들에게 설문을 통해 알아보는 것이다. 유능한 관리자들이 지닌 특성을 구별하기 위해 우리는 최소한 3명 이상의 직원들에게 실제 업무 상황에 대한 질문을 했다. 그리고 직원들에게 다음의 여섯 가지 항목에 점수를 매기게 했다.[18]

저자 주석 **18.** 조지 리트윈과 로버트 스트링거, 《동기와 조직의 분위기》 하버드대학 출판사, 1968.

1. 관리자의 지시에 어느 정도 순응하는가.

2. 자신이 느끼는 책임감은 어느 정도인가.

3. 부서에서 주어진 성과 기준이 알맞다고 생각하는가.

4. 나쁜 성과로 인한 처벌에 비해 좋은 성과에 주어지는 보상은 어느 정도인가.

5. 조직의 투명성은 어느 정도인가.

6. 팀워크는 어느 정도인가.

유능한 관리자의 경우에는 직원들의 사기가 매우 높았다. 특히 조직의 투명성과 팀워크에서 매우 높은 점수를 나타냈다. 그리고 이것이 가장 바람직한 동기 형태를 지닌 것으로 드러났다.

또한 우리는 관리자들이 워크숍을 마치고 6개월이

지난 다음, 직원들의 사기 점수가 높아졌는지를 확인하기 위해 다시 직원들을 대상으로 설문 조사를 실시했다.

끝으로 우리는 워크숍에 참여한 관리자들을 대상으로 유능한 관리자의 또 하나의 자질인 성숙함의 정도를 측정했다. 참여자들이 쓴 이야기의 내용들을 통해, 즉 권위주의적인 태도나 특정한 문제를 대할 때 드러나는 감정들을 파악했다.

그리고 이를 바탕으로 참여자들의 성숙도가 4단계 중 어디에 속하는지를 평가했다.[19]

저자 주석 19. 데이비드 맥클리랜드, 《권력 : 내적 경험》(어빙턴 출판사, 1979)에 소개된 애비게일 스튜어트의 글 인용.

1단계 : 다른 사람들의 도움과 힘에 의존한다.

2단계 : 자율성을 우선시한다.

3단계 : 다른 사람의 힘을 활용하려고 한다.

4단계 : 자신의 이기적인 욕심을 버리고 다른 사람들을 위해

헌신적으로 봉사하려고 한다.

이 글에서 우리가 내린 결론은 미국의 약 25개 기업으로부터 500명 이상의 관리자들이 참석한 여러 워크숍을 근거로 하고 있다.

그리고 이 글에 실린 도표들은 이러한 기업들 중 하나의 기업 사례를 바탕으로 작성했다.

: 부록 :

요약

다른 사람들에게 동기를 부여하기 위해서는 우선 관리자들 스스로 동기 부여가 되어야 한다.

여기서 중요한 문제는 '어떤 동기를 부여할 것인가' 이다. 즉 관리자가 성공을 정의하는 방식에 따라 동기부여가 달라지기 때문이다.

어떤 사람들은 성공을 개인의 성취와 동일시하고, 또 어떤 사람들은 다른 사람들에게 호감을 얻는 것

97

으로 보기도 한다.

복잡한 조직에서 성공하기 위해, 관리자에게는 권력 동기가 필요하다.

이는 독재적인 강압이 아니라, 타인에게 영향을 미치려는 강력한 욕구를 말한다. 그리고 이러한 권력 욕구는 절제되고, 관리자 개인의 이익이 아니라 조직의 이익에 도움이 되어야 한다.

세 가지 유형의 관리자

동기부여의 측면에서, 다음과 같은 세 가지 유형의 관리자들로 구분된다.

친화형 관리자들은 업무보다 인간관계를 우선시한다. 목표달성보다는 자신의 인기관리를 위해 노력한다. 이들은 다른 사람에게 영향을 미치려는 권력 욕구보다 다른 사람의 호감을 얻고 싶어 한다.

따라서 조직의 이익을 위해서 자제력을 발휘하는 것이 아니라 호감을 얻고 유지하기 위해서 자신을 절제한다.

이러한 관리자의 직원들은 자긍심이나 책임감을 느끼지 못하고, 조직 절차가 불분명하다고 생각한다.

그 이유는 간단하다. 친화형 관리자들은 절차를 무시하고 즉흥적인 결정을 내리기 쉽기 때문이다. 그들은 그 결정에 대해 다른 사람들도 같은 감정일 거라고 생각한다.

사적 권력형 관리자들은 권력 욕구가 호감을 얻고 싶어 하는 친화 욕구보다 훨씬 강하다. 그리고 사적 권력형 관리자들은 자제력이 아주 낮다. 따라서 자제력이 결여되어 있다보니, 충동적으로 혹은 독단적으로 행동하는 경향이 있다.

대체로 사적 권력형 관리자들이 친화형 관리자들보다 더욱 효과적이다. 팀워크와 책임감을 불러일으키는 것도 훨씬 낫다. 그러나 그들은 조직을 구축하는 일은 잘하지 못한다. 자제력이 부족하고, 직원들은 조직이 아니라 관리자 개인에게 충성하게 된다.

이러한 사적 권력형 관리자가 조직을 떠나게 되면, 팀워크와 조직이 급격히 와해되고 만다.

 조직형 관리자들은 사적 권력형 관리자들처럼 권력 욕구를 지니고 있고, 호감을 얻으려는 욕구보다 다른 사람들에게 영향을 주려는 욕구가 더 강하다.

 하지만 조직형 관리자들은 사적 권력형 관리자들과 결정적으로 한 가지가 다르다. 조직형 관리자들은 자제력이 아주 높다. 조직형 관리자들은 자신의 세력 확장을 위해서가 아니라 조직의 이익에 관심을 기울인다.

 그 결과 세 가지 유형의 관리자들 중 효과적인 업무 환경을 만들어내는 데 가장 성공적인 관리자가 바로 조직형이다.

직원들의 높은 사기뿐만 아니라 직원들이 책임감을 느끼고, 조직의 투명성 역시 신뢰한다. 조직형 관리자들은 다음 두 가지 다른 특성을 지니고 있다.

첫째, 그들은 민주적인 리더십을 발휘하는 스타일이며, 지시보다는 지도하려는 스타일이다.

둘째, 그들은 다른 유형의 관리자들보다 더 성숙한 정신을 가지고 있다.

1995년에 쓴 회고 논평에서, 이 책의 공동 저자인 데이비드 맥클리랜드 교수는 작은 기업에서는 성취 욕구가 더 중요한 요소이며, 다른 사람들에게 영향을 미치려는 권력 욕구가 장애가 될 수 있다고 지적했다.

그는 그 이유를 이렇게 설명한다.

"비용 절감을 위한 효과적인 방식으로 사업을 개선하고 성장시키려는 끊임없는 관심이, 작은 기업을 일궈내는 데 관리자들이 갖춰야 할 결정적인 요인이다."

Power Is The Great Motivator

by David C. McClelland, David H. Burnham

Original work copyright © 2008 Harvard Business School Publishing
Corporation All rights reserved.

This Korean edition was published by Smart Business Publishers
in 2016 by arrangement with Harvard Business Review Press through
KCC(Korea Copyright Center Inc.), Seoul.

하버드 비즈니스 리뷰 클래식 ②

권력은 최고의 동기부여다

지은이 데이비드 맥클리랜드, 데이비드 번햄
펴낸이 이종록   펴낸곳 스마트비즈니스
스태프 형유라, 박정례
등록번호 제 313-2005-00129호   등록일 2005년 6월 18일
주소 서울시 마포구 성산동 293-1 201호
전화 02-336-1254   팩스 02-336-1257
이메일 smartbiz@sbpub.net
ISBN 979-11-85021-41-6 03320

초판 1쇄 발행 2016년 04월 25일